1

「りんご」

「ごがつ」

「つくえ」

「えんぴつ」

3

「つくえ」

「2回は、だめ！」

「えーと…つ、つ、
つき」

「き…き！」

「え、また？　き、き、
　…きもの！」

「ノート」

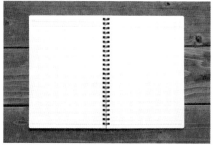

「とけい」

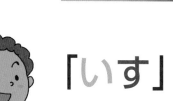「いす」

6

「スーパー」

「すうぱあ…あし」

「しか」

「かさ」

「さくら」

「ラーメン」

「あー！
『ん』は、だめ！」

<監修者紹介>

NPO 多言語多読

「多言語多読」は、外国語を身につけたい人や、それを支援する人たちに「多読」を提案し、
応援する NPO です。
2002 年、日本語学習者のための「読みもの」を作ることを目的に、日本語教師が集まって
日本語多読研究会を作りました。2006 年に NPO 法人化。2012 年に「NPO 多言語多読」と
名称を変更し、多読の普及、実践、研究、日本語の「レベル別読みもの」の開発をしています。

https://tadoku.org/

レベル別日本語多読ライブラリー（にほんご よむよむ文庫）
［スタート］
しりとり

2022 年 5 月 25 日　初版 第 1 刷 発行

作：遠藤 和彦（多言語多読会員・日本語教師）
作画：髙橋 温子
写真提供：ピクスタ P2「ごがつ」ひとり君／ PIXTA
　　　　　　　　 P3「つくえ」P6「いす」masa ／ PIXTA

監修：NPO 多言語多読

ナレーション：谷口 恵美
デザイン・DTP：有限会社トライアングル

発行人：天谷 修身
発　行：株式会社アスク
　　　　〒 162-8558 東京都新宿区下宮比町 2-6
　　　　TEL.03-3267-6864 FAX.03-3267-6867
　　　　https://www.ask-books.com/
　　　　https://www.ask-books.com/jp/tadoku/（『にほんご よむよむ文庫』公式サイト）

印刷・製本：株式会社光邦

日本語を勉強しているみなさんへ

「にほんご よむよむ文庫」は、日本語を勉強しているみなさんのための「読みもの」シリーズです。

楽しみながらたくさん読んでください。

やさしいものからたくさん読むと、知らないうちに漢字の読み方や言葉が身につきます。

読んだ話を音声でも聴いてみてください。読みながら聴いてもいいでしょう。

目からも耳からもどんどん日本語を吸収しましょう！

「にほんご よむよむ文庫」 ４つのルール

1 やさしいレベルから読む。
2 辞書を引かないで読む。
3 わからないところは飛ばして読む。
4 進まなくなったら、他の本を読む。

にほんご よむよむ文庫

これは、日本語学習者のための「読みもの」シリーズです。
学習者がレベルに応じて、楽にたくさん読めるように、語彙や文法が制限してあります。

■ 超入門から中級まで6レベルあり、昔話、創作、名作、伝記など内容もさまざまです。

■ 漢字とカタカナには全部ふりがなが付いています（カタカナはレベル3まで）。

■ 制限語彙以外の言葉は、文中の説明や挿絵で理解できるよう工夫されています。

■ 朗読音声を聴いて楽しんだり、シャドーイングしたりすることもできます。

レベル	能力試験	語彙	字数／1話	主な文法項目
スタート（超入門）		**200**	**～200**	現在形、過去形、疑問詞、～たい　など ※基本的に「です・ます体」を使っています。 ※文法にこだわらず、絵と朗読音声で読む、超入門編です。
0（入門）		**350**	**200 ～400**	現在形、過去形、疑問詞、～たい　など ※基本的に「です・ます体」を使っています。
1（初級前半）	**N5**	**350**	**400 ～1500**	現在形、過去形、疑問詞、～たい　など ※「です・ます体」を使っています。
2（初級後半）	**N4**	**500**	**1500 ～2500**	辞書形、て形、ない形、た形、 連体修飾、～と（条件）、～から（理由）、 ～なる、～のだ　など
3（初中級）	**N3**	**800**	**2500 ～5000**	可能形、命令形、受身形、意向形、～とき、 ～たら・ば・なら、～そう（様態）、 ～よう（推量・比喩）、複合動詞　など
4（中級）	**N2**	**1300**	**5000 ～10000**	使役形、使役受身形、～そう（伝聞）、～らしい、 ～はず、～もの、～ようにする／なる、 ～ことにする／なる　など

※語彙は、『日本語能力試験出題基準【改訂版】』（国際交流基金・財団法人日本国際教育協会編、凡人社、2002年）の級別語彙表を
　参考に、文法項目は、市販されている主な初級テキストの文法シラバスを参考にレベル分けしています。

テキスト名　『みんなの日本語初級Ⅰ・Ⅱ』スリーエーネットワーク編著　スリーエーネットワーク
　　　　　　『新文化初級日本語Ⅰ・Ⅱ』文化外国語専門学校編著　文化外国語専門学校
　　　　　　『JAPANESE FOR BUSY PEOPLE Ⅰ～Ⅲ』国際日本語普及協会編著　講談社インターナショナル
　　　　　　『Situational Functional Japanese Ⅰ～Ⅲ』筑波ランゲージグループ著　凡人社
　　　　　　『初級日本語 げんきⅠ・Ⅱ』坂野永理、大野裕　ほか著　ジャパンタイムズ